# EUGÈNE MOREL

# LA LOI
## SUR
# LE DÉPOT LÉGAL

### (19 MAI 1925)

Extrait de la *Revue des Bibliothèques*, nᵒˢ 7-10, 1925

PARIS,
LIBRAIRIE ANCIENNE HONORÉ CHAMPION,
LIBRAIRE DE LA SOCIÉTÉ DE L'HISTOIRE DE FRANCE
ET DE LA SOCIÉTÉ DES ANCIENS TEXTES FRANÇAIS
5 ET 7, QUAI MALAQUAIS, 5 ET 7
1925

BEAULIEUX (Ch.). **Catalogue de la Réserve XVI° siècle (1501-1548) de la Bibliothèque de l'Université de Paris.** In-8, 19 reproductions de marques typographiques. . . . . . . . . . . . . . . . . . . . . . . . **25 fr.**

**Catalogue général des livres imprimés de la Bibliothèque nationale.** 84 volumes parus, dont 20 en reproduction en fac-similé. Chaque volume in-8 . . . . . . . . . . . . . . . . . . . . . . . . . . . . . **50 fr.**

DELISLE (Léopold). **Instructions élémentaires et techniques pour la mise et le maintien en ordre des livres d'une bibliothèque.** Nouvelle édition revue. In-8 de 82 pages. . . . . . . . . . . . . . . . . . . . **4 fr.**

— **Instructions pour la rédaction d'un catalogue de manuscrits et pour la rédaction d'un inventaire des incunables.** In-8, 100 pages. . . **4 fr.**
   Vade-mecum du Bibliothécaire.

— **Recherches sur la librairie de Charles V,** suivies de l'inventaire des livres ayant appartenu aux rois Charles V et Charles VI et à Jean, duc de Berry. 2 volumes in-8 et album in-folio de planches . . . . . **60 fr.**

— **Inventaire général et méthodique des manuscrits français de la Bibliothèque nationale.** 2 volumes in-8 . . . . . . . . . . . . . . . . . **30 fr.**
   T. I. Géologie. — T. II. Jurisprudence.

DORÉ (Robert). **Bibliographie des livres jaunes à la date du 1er janvier 1922.** In-8 . . . . . . . . . . . . . . . . . . . . . . . . . . . . . . **3 fr.**

— **Essai de bibliographie des Congrès internationaux.** In-8 . . . . **5 fr.**

FOURNIER (P.-I.). **Conseils pratiques pour le classement et l'inventaire des archives et l'édition des documents écrits.** In-8 raisin, 85 pages. **6 fr.**

   *En souscription et sous presse :*
HUGUET (Edmond), professeur de philologie française à la Faculté des lettres de l'Université de Paris. **Dictionnaire de la Langue française du seizième siècle.** Le *Dictionnaire* paraîtra par fascicules de 5 feuilles, soit 80 pages. Le prix de souscription à l'ouvrage complet sera de **12 fr.** environ le fascicule. Il sera majoré dès la publication du 1er fascicule.

LEDOS (E.-G.). **Usages suivis dans la rédaction du Catalogue général des livres imprimés de la Bibliothèque nationale.** In-8 raisin, 70 p. **5 fr.**

MORTET (Ch.). **Le Format des livres.** Notions pratiques suivies de recherches historiques. 1925. In-8, 60 pages avec 4 planches hors texte. . . . . **6 fr.**

**Répertoire d'art et d'archéologie.** Dépouillement des périodiques et des catalogues de ventes, Bibliographie des ouvrages d'art et d'archéologie. Directeur : Marcel AUBERT. Avec nombreux collaborateurs français et étrangers. 1923. Fascicule 27. In-4, 200 pages sur deux colonnes. **30 fr.**

   Le fascicule 28 (1924) est sous presse. Les fascicules précédents, sous réserve d'épuisés, sont en vente au prix de . . . . . . . . . . . . . **60 fr.**
   Publication de la Bibliothèque d'Art et d'Archéologie de l'Université de Paris.

TOURNEUX (M.). **Bibliographie de l'Histoire de Paris pendant la Révolution française.** 5 volumes grand in-8. Chaque . . . . . . . . . . . . . **100 fr.**

# LA LOI



# LE DÉPOT LÉGAL

EUGÈNE MOREL

# LA LOI

## SUR

# LE DÉPOT LÉGAL

## (19 MAI 1925)

Extrait de la *Revue des Bibliothèques*, nos 7-10, 1925

PARIS,

LIBRAIRIE ANCIENNE HONORÉ CHAMPION,

LIBRAIRE DE LA SOCIÉTÉ DE L'HISTOIRE DE FRANCE
ET DE LA SOCIÉTÉ DES ANCIENS TEXTES FRANÇAIS

5 ET 7, QUAI MALAQUAIS, 5 ET 7

1925

# LA LOI SUR LE DÉPOT LÉGAL

## (19 mai 1925)

La loi du 24 mai 1925 sur le dépôt légal est une loi d'initia·
tive privée, faite par ceux qu'on appelle les *usagers* eux-mêmes,
sans que ministres, Chambre ni Sénat en aient discuté. Elle
apporte au moins ce petit réconfort que si dans notre république des citoyens dévoués ou même simplement grincheux,
trouvent, dans le rayon de la spécialité qu'ils connaissent bien,
que les choses pourraient aller mieux qu'elles ne vont, ils
peuvent arriver à les améliorer, s'ils persévèrent seulement
une quinzaine d'années, font les concessions nécessaires,
écoutent les bons avis et même les mauvais, et tiennent compte
des besoins d'initiative d'autrui, qui se dressent pour vous
défendre et au besoin pour vous combattre.

_ C'est dans ce sens qu'il peut être utile de retracer en partie
la genèse de cette tentative qui a abouti à une loi, en laissant
de côté — en s'efforçant de laisser de côté — les faits qui
raviveraient des querelles inutiles.

Le projet de M. Maurice Vitrac, en avril 1910, est le soixante-
dix-huitième et dernier « projet » énuméré par M. Henri
Lemaître dans son *Histoire du dépôt légal* (A. Picard, 1910),
— le quatorzième depuis la loi de 1881. Et il y en eut d'autres.

Il contient le principe de la loi actuelle : double dépôt, un
exemplaire par l'imprimeur, comme dans la loi de 1881, et un
autre, celui-ci complet, par l'éditeur. C'est l'idée fondamentale
de la loi actuelle, le contrôle de l'un par l'autre.

Il contient une seconde idée, celle-là détestable : faire
dépendre la propriété littéraire du dépôt légal. Cette formalité se trouvait indiquée dans la loi de 1793, mais très atténuée
par la jurisprudence, elle était en fait rarement un obstacle,

le dépôt étant toujours reçu, même tardif. Si le projet Vitrac contenait l'essence de la loi nouvelle, il contenait aussi ce qui, par réaction, devait la faire aboutir. Peut-être jamais ne serait-on arrivé à faire présenter et voter une loi si peu électorale, sans la menace d'une loi qui, un jour, ferait dépendre la propriété littéraire de la formalité du dépôt. Cette menace se produisit dans un rapport de M. Veber (Ch. dép. 1914, n° 3448) qui intercalait dans la loi de finances : 1° une modification provisoire, mais énorme, à la loi de 1881 : elle abolissait d'un coup le dépôt d'imprimeur, et 2° une proposition de loi très étudiée et pleine de détails utiles, mais qui réduisait le dépôt d'imprimeur à une simple déclaration, ce qui était grave, et surtout faisait ni plus ni moins dépendre la propriété littéraire du dépôt. Le commentaire disait en propres termes : « Quiconque n'aura pas fait le dépôt dès la publication verra son droit s'atténuer en laissant du loisir aux contrefacteurs. »

Il aurait suffi aux auteurs du projet de consulter les intéressés, au moins la Société des gens de lettres et le Cercle des éditeurs, pour transformer ce projet, intéressant par ailleurs, en une loi capable d'aboutir rapidement. Cette phrase malheureuse fit tout échouer. Le *tolle* fut général. M. Jules Clère intervint à l'assemblée de la Société des gens de lettres, M. Max Leclerc à celle des éditeurs. M. Eugène Morel, qui semblait connaître la question, fut élu au Comité de la Société des gens de lettres pour préparer un contre-projet. Le président, M. Georges Lecomte, courut chez le ministre qui fit de suite retirer la proposition de loi. La catastrophe était évitée. Mais il faut insister, parce que cette erreur est commune, et nous l'avons jadis commise comme les autres, que des nations diverses, l'Espagne entre autres, voient proposer des lois sur le dépôt légal, et qu'un peuple singulièrement en retard, les États-Unis, a conservé le régime moyenâgeux du Copyright.

Oui, la première idée qui vient est de faire dépendre la propriété intellectuelle d'un acte, d'un papier, d'une formalité. Les gens ne se sentent pas propriétaires s'ils n'ont un acte dans leur coffre. Mais le fruit que j'ai cueilli ou la baguette que j'ai taillée dans le bois commun, le poisson que j'ai pêché, le chevreau que j'ai élevé sont-ils à moi? Nous le pensons et un papier qui le certifie n'y ajoute rien. Le papier, qui peut être une facture, n'avantage que celui qui acquiert l'œuvre qu'il n'a pas faite. L'œuvre sortie de ma cervelle aurait besoin d'un certificat? Ce document ne peut servir qu'à ceux qui ne sont pas les auteurs.

Quant au produit du droit d'auteur, on sait aujourd'hui qu'il peut être considérable. Si l'on ignore tout à fait ce que la propriété littéraire rapporte aux éditeurs et même aux auteurs de livres, si la nouvelle loi seule peut donner, l'an prochain, une idée du nombre de livres imprimés, il est certain qu'on a, en 1924, imprimé bien plus de 10 millions de volumes dont le prix moyen ne doit pas être inférieur à 5 francs, et qu'on a dû en vendre une partie. La reproduction dans les journaux a rapporté à la Société des gens de lettres un million et demi en 1924. Les droits d'auteur dans les théâtres ont été, dans l'exercice 1923-1924, de 23635852 francs, sans parler des auditions musicales (Société lyrique) et du cinéma. Il s'agit donc d'un intérêt « intellectuel » de centaines de millions qui n'*existerait* pas si le *droit d'auteur* n'existait pas, et n'existerait guère, ou atteindrait bien rarement l'auteur lui-même si des formalités en gênaient l'exercice. Le dépôt légal, que beaucoup de gens croient sans autre intérêt que de fournir gratuitement des livres à la Bibliothèque nationale, rapportait avant la guerre moins de 20000 francs de livres et peut-être 50000 francs de périodiques au prix marqué (la valeur marchande des collections des bulletins de sociétés coopératives-bétail et d'échos du commerce local des vins et spiritueux étant moindre que le prix marqué). Depuis la guerre, on serait tenté de multiplier ce chiffre, mais la production fut inférieure et le dépôt lui-même si inférieur que le total effectif n'a pas dû beaucoup changer. De tels chiffres ne valent que par comparaison ; se tromperait-on du double, ou dix fois, la conclusion ici est la même. L'intérêt d' « économie d'acquisition de livres » peut être quelque chose, avec les prix actuels et notre misère, il était insignifiant en 1914 et ne peut, même aujourd'hui, être mis en compte avec les intérêts du marché littéraire.

La grande erreur à combattre fut donc celle des bibliothécaires voulant établir un dépôt légal au seul profit des travaux d'érudition qui se font à la Bibliothèque nationale. Les mêmes avaient contribué de leur mieux à ruiner le dépôt organisé par la loi de 1881 en cessant de réclamer les publications dites encombrantes et sans intérêt, sans réfléchir que les imprimeurs n'ont point mission de faire ce choix et déposeront tout ou ne déposeront rien, ce qu'ils s'habituaient à faire.

L'idée principale de la loi nouvelle fut donc de proclamer que la propriété intellectuelle était, en France, indépendante de tout dépôt. La jurisprudence l'admettait, la loi ne le disait pas. L'opinion l'ignorait, l'ignore encore.

Le projet primitif de la Société des gens de lettres, reproduit dans la proposition de loi du Syndicat de la propriété intellectuelle et présenté à la Chambre portait :

« ART. 18. — Le dépôt réglementé par la présente loi ne confère par lui-même, à celui qui l'effectue, aucun droit de propriété sur l'œuvre déposée, *la propriété de l'œuvre étant indépendante de toute formalité*. »

Cette phrase capitale ne s'est pas retrouvée dans le texte définitif, un deuxième texte, qui tenait compte de certaines objections, ayant été présenté à la Chambre sans que les représentants des auteurs fussent consultés. Il ne s'agissait, disait-on, que de mise au point de style. Le texte définitif est :

« ART. 18. — Le dépôt réglementé par la présente loi n'a qu'une valeur purement déclarative de droits. »

Beaucoup trouveront cela moins clair.

Cependant (art. 22), l'article 6 de la loi des 19-24 juillet 1793, qui imposait le dépôt pour poursuivre les contrefacteurs, est expressément abrogé. Le résultat est donc à peu près atteint, et nous n'avons pas cru devoir, même à ce prix, retarder la loi. On peut considérer qu'en France, la législation sur ce point est faite :

Désormais, l'auteur d'une œuvre de l'esprit n'a pas besoin d'un papier pour en être le propriétaire. Ceux-là seuls en ont besoin, auxquels il cède une partie de ses droits...

Et nous estimons qu'en aucun cas il ne peut les céder tout entiers.

Appelé au Comité des Gens de lettres en avril 1914, M. Morel fit un rapport assez long et un projet que le Comité adopta et qui aurait peut-être réussi, si les événements d'août 1914 n'avaient appelé son auteur et plusieurs de ses collègues à d'autres fonctions. Ce travail est celui qui parut en 1917, d'abord dans la *Nouvelle Revue*[1], puis en brochure, aux éditions Bossard, sous ce titre : *Le Dépôt légal, étude et projet de loi*. Une grande partie de ce rapport était consacrée à la statistique du dépôt légal et à la démonstration de la nécessité du dépôt d'imprimeur, qui est le plus important, car seul il procure les publications qu'on ne peut pas acheter, et seul il donne quelque garantie aux auteurs. Nous renvoyons à la brochure sur ce point et beaucoup d'autres. La suppression du dépôt d'imprimeur n'a plus été proposée depuis, mais elle peut l'être en d'autres pays, et nous pensons qu'on trouvera là des raisons décisives de le conserver ou de l'établir.

Il est regrettable que personne n'ait agi pendant les premières années de la guerre pour faire passer cette loi, qui était prête. Les collections de la Bibliothèque nationale offrent des vides irréparables dans cette période capitale de notre histoire. Le dépôt légal était si inconnu de tous que, sous la nécessité, M. Viviani, alors ministre, fit passer une loi temporaire pour assurer quelque contrôle aux imprimés de propagande répandus jusque dans les tranchées, sans songer qu'une bonne loi, toute prête, pouvait donner définitivement toute garantie. Et l'on disposait de moyens d'exécution autrement puissants qu'à présent !

Alors qu'elles auraient dû ressusciter le dépôt légal, ces années achevèrent de l'enterrer. L'absence de personnel pour contrôler et réclamer déshabitua du dépôt beaucoup d'imprimeurs, eux-mêmes gênés par le manque de personnel pour envoyer jusqu'au ministère de l'Intérieur, monter les quatre étages des bureaux. L'activité fut ailleurs. La Bibliothèque-Musée de la Guerre, qui se fonda la deuxième année de guerre, obtint un droit de préemption sur le deuxième exemplaire du dépôt, ce qui priva fort les bibliothèques de l'Arsenal et Sainte-Geneviève. L'état de mobilisation ruinait les vieilles institutions molles, mais fut singulièrement profitable aux initiatives. Les actifs eurent trop de monde, les administrations normales faillirent mourir, ayant leur personnel aux armées. En constatant leur inertie, il faut convenir que, dans leurs cadres rigides, il était plus difficile d'agir, et que la désespérance administrative a des excuses. Mais faut-il

---

1. N<sup>os</sup> 125-126. Act. Nov.: *La Sauvegarde de la Pensée française : le Dépôt légal.*

déclarer incurables et chroniques tous les maux dont on souffre, sans tenter de les guérir?

Parmi les belles initiatives civiles de la guerre, ne faut il pas citer les efforts qui aboutirent aux deux Congrès du Livre, dont le premier se tint en des heures tragiques pour la France, 11-17 mars 1917. Née à la Foire de Lyon, où un maire très actif, M. Éd. Herriot, avait convoqué la Société des Gens de lettres un an auparavant, l'idée d'un congrès qui grouperait tous les artisans du Livre, depuis l'auteur jusqu'à l'apprenti typo et au marchand de papier, a abouti à ces deux assemblées qu'unit entre elles un comité préparatoire et exécutif qui, pendant cinq ans, sous la présidence de M. Pierre Decourcelle, tint presque chaque semaine des séances de travail. M. Jules Perrin, représentant les Gens de lettres, en rédigea le rapport général.

Les préparateurs du Congrès ne crurent pas devoir aborder de front la question du dépôt légal et écartèrent le rapport que leur avait présenté M. Morel. Celui-ci le publia donc isolément. Mais, dans le rapport sur la Bibliographie, présenté par M. Marais au nom de l'Association des bibliothécaires français, il put faire glisser un vœu qui en résumait à peu près les intentions et qui fut adopté à l'unanimité, « que la Commission d'auteurs et d'éditeurs, instituée par ses votes précédents, mette en première ligne de ses études celle d'une réforme complète du dépôt légal, de façon à faire aboutir, dans les plus courts délais possibles, les vœux exprimés par le Congrès du Livre à ce sujet » (t. II du *Compte rendu des travaux*, p. 402 et 403).

Ce plus court délai fut de huit ans. Ce n'est pas la faute des commissions, qui consacrèrent à cette étude quelque quatre-vingts séances, et mettre d'accord sur un texte des intérêts aussi opposés que ceux des éditeurs, des Gens de lettres, des imprimeurs, n'était pas aisé. Le texte, auquel collaborèrent notamment MM. Max Leclerc et André Taillefer, fut établi au Syndicat de la propriété intellectuelle et soumis à l'approbation des trente et quelques syndicats qui le composent. On arriva à tout concilier, avec des sacrifices et avec un certain embarras de texte qui a frappé ceux qui l'ont vu du dehors, sans s'en expliquer la genèse. Comme toujours, les objections précises sont venues trop tard, et malgré les efforts de publicité, on n'a guère recueilli pour ce travail que des conseils généraux ou des contre-projets opposés aux principes adoptés. Mais enfin, si on compare le texte obtenu ainsi avec le projet de M. Morel, on verra des différences de rédaction et, sur le fond, on remarquera ceci :

La formalité d'un registre à souche pour les reçus est supprimée, mais on exige des déposants deux déclarations au lieu d'une (et dans la pratique une troisième, s'ils veulent un reçu). Ces changements sont une aggravation pour les déposants.

Le groupement des papiers de peu d'importance etait stipulé par la loi. Il ne l'est plus. On l'a admis par tolérance (série C) dans la pratique, sans quoi la loi était inapplicable. Plusieurs autres détails ont été jugés de même, avec raison, être affaire d'administration et non de loi.

Très regrettable est la réduction à un exemplaire du dépôt d'imprimeur. Le 2ᵉ aurait permis de constituer des bibliothèques régionales, laissant de toute publication française un exemplaire hors de Paris. Nous pensons que le dépôt en deux (ouvrages de luxe exceptés), plus un par l'éditeur, n'était pas exagéré, et avions conservé l'espoir que quelques députés de la province réclameraient. Notons pourtant que ce ne fut pas mesquinerie de la part des éditeurs, mais crainte, justifiée par certains faits anciens, que le troisième exemplaire fût détourné.

Les auteurs n'obtinrent pas le droit d'agir eux-mêmes pour exiger la stricte obligation du dépôt et des déclarations. L'institution d'une *Régie* comblera en partie cette lacune, nous l'espérons.

Les musiciens ne bénéficieront pas du contrôle de tirage que la loi accorde aux auteurs écrivains. Les délégués de la Société des auteurs et compositeurs dramatiques n'ont pas suivi les travaux, et le représentant des Gens de lettres, qui insistait, se vit objecter qu'il n'avait pas qualité pour parler musique.

Tels sont, en dehors du texte même, les regrets que peut avoir l'auteur du premier texte. Des améliorations réelles furent apportées en retour; la liste des « objets » soumis au dépôt fut arrêtée par le Syndicat des Maîtres Imprimeurs de France, et enregistra le décès du fameux *bilboquet*, dont aucun humain n'avait perpétré le sens, la prescription fut justement réduite à trois ans et les délais de dépôt stipulés plus exactement.

On s'étonnera peut-être qu'il ait fallu tant de travail pour des changements si minces, qui ne sont pas tous des améliorations. La loi Bérard sur la prolongation de la propriété littéraire des années de guerre, montre que la Société des Gens de lettres pouvait aboutir plus vite en agissant seule. Mais l'opposition des éditeurs était alors très nette; il y avait des projets anciens supprimant le dépôt d'imprimeur, c'est-à-dire l'essentiel. En somme, ces années se sont passées à les convaincre, et l'exécution de la loi les concernant, leur assentiment obtenu, est une force qui vaut les plus dures sanctions. L'application facile de la loi en est aujourd'hui la preuve.

Puisse cet accord ne pas rester unique dans l'histoire des Lettres françaises!

Ce fut un beau matin du printemps de 1921 que les présidents de la Société des Gens de lettres (alors Edmond Haraucourt), du Cercle de la Librairie, des Maîtres-Imprimeurs de France, de l'Association des Bibliothécaires français et du Congrès du Livre, se présentaient en groupe chez le ministre de l'Instruction publique, M. Léon Bérard, un peu étonné de cet ensemble, et lui présentaient un texte tout prêt, au nom de leurs associations respectives, lui demandant de le transformer en projet de loi. Et M. Léon Bérard, après étude, accepta. Nous fûmes à l'Intérieur, au Commerce, à la Justice. L'un des ministres fut ravi d'apprendre qu'il y avait un dépôt légal imposé à l'imprimeur. Tous acceptèrent. Il n'y avait plus qu'à éviter la mise en discussion et faire voter.

Ici commence le rôle d'un homme auquel on doit, d'une part, l'admirable rapport (3668 de 1921) où la question du Dépôt légal est exposée complètement et où il conclut en disant que « ces règles, ces prescriptions, ces mesures de prudence formeront la charte du livre français » — et qui, d'autre part, en présence d'une opposition qui se dévoilait trop tard pour améliorer la loi, assez à temps pour l'arrêter, sut triompher des dangereuses intrigues et de la plus dangereuse inertie, en un mot fit aboutir la loi.

M. Marcel Plaisant, député du Cher, chargé par la Commission de l'Enseignement du rapport sur la proposition de loi, ne se contenta pas de demander des documents ou renseignements aux chefs des administrations compétentes. Il vit les services et, plein de confiance dans les faits, chiffres et documents qu'on lui fournissait, se plut à en admirer lui-même l'exactitude et, pour certains de ces documents, la beauté. Il passa en revue « l'armée de fonctionnaires » attachée à cette paperasserie formidable des journaux : elle se composait tout juste d'un soldat. Sans cette enquête qui seule pouvait faire la conviction, il est douteux que, par la suite, devant la campagne menée contre un projet qu'il avait accepté tel quel, il n'eût pas abandonné un projet attaqué avec tant de rage.

Les attaques publiques sont venues principalement de deux éditeurs, M. Vuibert [1] et M. Roches. Elles n'ont pas en fait retardé la loi et même la loi ayant été retardée par ailleurs, il a pu être tenu compte en quelques points de leurs critiques de détails, dans la rédaction notamment. Une polémique eut lieu entre M. Morel et M. Roches dans une revue que l'on croit symboliste, mais qui a surtout gardé l'esprit du théâtre rosse, et se pourlèche de l'éreintement de ses amis. (*Mercure de France*. Mars-avril 1922.)

L'article de M. Roches est une étude approfondie, sérieuse, logique, d'un homme ayant de grandes connaissances du sujet en général, mais aucune des faits existants, et qui avait passé des heures à éplucher un texte et raisonner, et déduire, sans avoir vu de ses yeux... Quelques instants d'inspection du terrain auraient détourné cette offensive idéaliste.

Autrement grave fut l'offensive menée par des fonctionnaires. Petite guerre sourde, qui eut ses grandes palabres, ses coups de théâtre, retards et ennuis qu'on voudrait oublier si la loi, qui semble avoir triomphé, n'avait perdu dans cette bataille des biens précieux et n'en sortait quelque peu mutilée. Ce grand effort contre elle a en effet abouti à deux ans de retard, perte très grande pour les collections — au vote en pleine crise financière qui rend plus difficile l'organisation nouvelle — à la suppression de la franchise postale pour le département de la Seine, absurdité qui crée une obligation lourde pour les imprimeurs de Sceaux ou Levallois-Perret, et à tous les petits imprimeurs manquant de personnel, obligés de perdre des

---

1. *Revue politique et parlementaire*, 10 février 1922.

heures coûteuses pour le transport au ministère de l'Intérieur ; — enfin elle a détaché de la loi la partie peut-être le plus importante pour les bibliothèques : les Périodiques. Les termes ambigus de la loi ne peuvent faire illusion, l'envoi d'un service gratuit à la Bibliothèque nationale était le moyen simple, le moins coûteux pour les éditeurs et le seul régulier. On en a obtenu la suppression.

Le 7 juillet 1921, en même temps que les ministères de l'Intérieur et de l'Instruction publique déposaient le projet de loi sur le Dépôt légal, ils adressaient aux préfets une circulaire les invitant à charger les archivistes du dépôt légal dans les départements. On a toujours soutenu que cette mesure n'était pas dirigée contre la loi déposée, et les fonctionnaires ayant l'initiative de cette mesure ont assuré qu'ils ignoraient la loi en instance, ce que nous ne discuterons pas.

De fait, il n'y avait aucune contradiction entre les deux idées ; celle de charger les archivistes de surveiller le dépôt était excellente, et aurait pu, entrant dans le cadre de la loi, rendre les plus grands services. Durant les quelques années qu'ils ont dirigé le dépôt, dans la plupart des départements (l'arrêté est resté lettre morte dans plusieurs), nous avons eu un dépôt beaucoup plus régulier et mieux classé des périodiques, et si dans l'ensemble la proportion de livres non déposés est restée la même, quelques départements où le dépôt était nul se sont révélés posséder des imprimeries. C'était une amélioration, mais qui ne pouvait avoir d'importance réelle qu'avec une loi nouvelle, et précisément on l'a abolie quand la loi a paru, compliquant à présent son application d'une organisation nouvelle à créer.

Le dépôt par les archivistes n'allait pas sans quelques inconvénients. Le premier était de les détourner de leur travail. On avait dit, opposant la réforme à la loi : celle-là ne coûtera rien ! Le dépôt passé aux archives sans crédit supplémentaire fut écrasant pour plusieurs départements, et le manque de sous et d'aptitudes spéciales pour la ficelle et les paquets fut la cause unique de la perte de plusieurs envois. Il y avait surtout un conflit d'autorité possible à ajouter encore la Direction des archives aux deux pouvoirs : Enseignement supérieur et Intérieur, qui se partagent la direction du dépôt.

Il y avait enfin une mesure intéressante, mais mal formulée

dans la circulaire, qui autorisait les archivistes à garder un exemplaire de tout ce qui concernait l'histoire locale, et à adresser directement aux autres archives ce qui intéressait leur département.

Rendre un dépositaire juge de ce qu'il garde ou transmet est une méthode administrative douteuse. On égaierait facilement le sujet en racontant comment fut interprété ce texte. Les uns ne l'appliquèrent pas, d'autres gardèrent tout comme intéressant l'histoire de l'imprimerie locale. Très peu d'envois d'un département à l'autre eurent lieu, mais des collections furent divisées et réparties en différents pays.

Il reste actuellement que, dans les bibliothèques qui les recevaient d'habitude (Arsenal, Sainte-Geneviève), un trou de plusieurs années existe dans des séries anciennes, complètes jusque-là, au profit d'archives qui sur place pouvaient se faire facilement donner quelque exemplaire des Mémoires de l'Académie locale, des travaux archéologiques qu'elles avaient contribué à établir, et même des poètes régionaux... Il y a là une confusion du rôle des archives et des bibliothèques qui n'a pas cessé d'entraver l'essor des bibliothèques françaises.

Ce n'est pas l'histoire locale, je veux dire, ce ne sont pas les travaux sur l'histoire, qui ont leur place dans les archives, ce sont les documents qui serviront à l'établir. Or, le dépôt légal fournit en grand nombre — en nombre immense avec la nouvelle loi — des documents de ce genre : journaux d'abord, affiches, circulaires, statuts, actes judiciaires, programmes, catalogues, etc. Ces documents, difficilement classables dans les bibliothèques, sans intérêt ailleurs qu'à la Nationale ou dans leur pays, auraient leur place dans les archives locales, et devraient y être collectionnés. Ce n'est pas de l'histoire, mais cela en deviendra. Ces documents locaux sont très définissables, et si la liste en est longue, elle peut être assez précise pour éviter la fantaisie à laquelle donna lieu l'interprétation par quatre-vingt-dix départements des mots « histoire locale ».

Nous ne verrons pas sans quelque regret les archivistes abandonner le dépôt légal, alors que plusieurs d'entre eux s'y étaient appliqués avec zèle et intelligence. Dans beaucoup de villes, l'archiviste était évidemment la personne la plus qualifiée pour s'en occuper. Mais l'importance de ce point est relative, car la production française est très centralisée, et ce n'est que de Paris, et à Paris, de la Bibliothèque nationale (si elle consent à l'établir), que pourra venir un contrôle sérieux de la production, car les moyens en existent là et non ailleurs. Pour la province, il faut des agents locaux, quels qu'ils soient, reliés directement à la direction centrale. Il semble actuellement que le principe en soit admis ; nous ignorons encore si l'on y arrivera.

D'ailleurs, la situation devait changer, grâce à un conseiller qui, appelé aux premières réunions où l'on avait espéré enterrer la loi, trouva, au contraire, le moyen d'en rendre, nous l'espérons, l'exécution plus ferme, M. Grunebaum-Ballin, à qui revient l'initiative de la création d'une « Régie » du dépôt légal.

Il est trop certain qu'entre le ministère de l'Intérieur, soucieux d'éviter des « histoires » avec les imprimeurs ou éditeurs, et la Bibliothèque nationale, soucieuse de ne pas s'encombrer, l'intérêt d'une application un peu sévère de la loi faisait triste figure. L'action directe des auteurs, réclamée par le projet primitif, avait été écartée par les éditeurs, si bien que, malgré des améliorations certaines, dont la principale est la prescription de trois mois portée à trois ans, la loi nouvelle aurait pu devenir presque aussi morte que celle de 1881, — ce qui lui arrivera d'ailleurs si, rattaché à des bureaux divers, le dépôt légal ne constitue pas quelque part une direction spéciale et quelque peu indépendante.

Il appartenait à M. Léon Bérard, dans la dernière année de son ministère, de prendre le décret qui instituait un Comité consultatif, très vaste, mais dont se détache une Commission permanente du dépôt légal, qui constitue en fait la « Régie » du dépôt légal. Cette commission, qui se réunit chaque mois sous la présidence de M. Marcel Plaisant, est composée d'un représentant des groupes les plus importants : Société des Gens de lettres, éditeurs, imprimeurs, ministères de l'Instruction publique et de l'Intérieur, Bibliothèque nationale, avec le conseil juridique. Si cet organisme est insuffisant pour une direction active, qui reste d'ailleurs au ministère de l'Intérieur, toutes les plaintes et réclamations peuvent être entendues et étudiées en fonction des intérêts en jeu, par des gens de quelque compétence, et, en somme, la Commission a fait diligence pour préparer les circulaires et conditions d'application. La loi fut signée le 19 mai, et l'on sait que le vote au Sénat avait été tout à fait subit et inattendu; la circulaire aux préfets est du 26 mai, jour même de la promulgation à l'*Officiel*. On la trouvera plus loin et dans la Chronique de la *Bibliographie de la France*, n° 23, 5 juin 1925, avec le texte de la loi, les instructions et commentaires des imprimeurs et éditeurs.

Nous ne pouvons ici entrer dans les « espèces » nouvelles de la loi : photographie, cinématographie, phonographie. Chaque sujet mériterait une étude spéciale, exigerait aussi la création d'un établissement ou « département » spécial pour les recevoir. Des créations s'imposent, que la loi prépare et facilitera.

Quels résultats donnera la loi nouvelle?

Nous n'avons en ce moment que le résultat de deux mois d'exercice, le premier mois ayant été nul, car le vote de la loi était inattendu et il fallut le faire connaître aux intéressés. Après un certain silence, le mouvement s'est déclanché, et déjà l'on peut dire que le succès, en ce qui concerne les livres, est inespéré. La plupart des éditeurs ont accepté dans le meilleur esprit les obligations nouvelles, et ont compris que l'intérêt du Livre français avait guidé partout les rédacteurs de la loi. A la fin d'août, le chiffre des volumes déposés dépasse 1 000[1], chiffre ne comprenant que des volumes réels, en première édition. Si l'on songe qu'aux plus fortes années, même avant la guerre, le nombre de tels ouvrages fournis par le dépôt légal ne dépassa pas 5 000 par an, et tomba à 3 000 ces dernières années, et qu'il s'agit des mois faibles (juillet-août), on peut prévoir une surprise sur les statistiques du livre en France.

Les estampes, cinémas, phonographes n'ont pas encore donné de résultats; nous n'en pouvons rien dire, un certain délai d'organisation étant nécessaire.

Nous bornant aux livres, nous constatons que ce fut avec quelque joie, même parmi les plus hostiles, que l'on vit arriver à la Bibliothèque nationale des livres frais, venant de paraître, avec la couverture, les planches, la bande, la prière d'insérer,

1. 2 000 au 8 septembre.

tout ce détail qui, joint au volume, avec un timbre à date, constituera un état civil, témoins compris, l'acte de naissance authentique d'une œuvre de l'esprit. Ces premiers arrivés ont une valeur bien supérieure à la moyenne des anciens envois; y figurent des livres de luxe, des albums qu'on ne voyait jamais venir et des livres français imprimés à l'étranger que l'on dispensait du dépôt, comme si l'on avait voulu encourager l'impression au dehors. Il est d'ores et déjà facile à ceux qui ont à diriger la réception du dépôt légal de se targuer d'un succès.

Durera-t-il? La nouvelle loi aura-t-elle le sort de l'ancienne, morte d'inanition, faute de fonctionnaires, autant que par excès de fonctionnarisme?

Le Parlement a voté une loi, mais non les moyens de l'appliquer; il a chargé d'on ne sait encore quel surcroît de travail une administration déjà surchargée, dont même il s'efforce de diminuer le personnel.

Nous n'avons jamais caché qu'une augmentation de dépenses, bien faible, devait correspondre à une grande augmentation de travail et de richesses. Il ne s'agissait pas de palais et d'armée de fonctionnaires, il suffisait de trois pièces bien modestes, mais au rez-de-chaussée, et d'un personnel moindre que *celui qui existait quand la loi de 1881 était convenablement appliquée.* Il comprenait sept personnes au ministère de l'Intérieur, dont un chef de service spécialisé, et un commissaire de police, éléments indispensables, qu'il faudra bien rétablir. Peut-être un jour la Régie du Dépôt légal arrivera à combiner les deux services du Ministère et de la Bibliothèque! S'ils sont divisés, il faut évidemment deux chefs, et il faut aussi deux agents de plus pour obtenir une permanence. Nous nous excusons d'entrer dans ces détails, mais tant de romans ont été bâtis là-dessus! La Bibliothèque nationale, aux dernières nouvelles, s'accroîtra de deux auxiliaires et d'un gardien. Cela sera-t-il suffisant? Nous n'en sommes pas certains; cela dépend des méthodes autant que de l'afflux. Mais déjà la valeur de ce qui est entré justifie et au delà le supplément des deux auxiliaires que l'administrateur de la Bibliothèque nationale a pu à grand'peine obtenir, avec un crédit pour l'aménagement en bureau d'un rez-de-chaussée du magasin des journaux de province.

Quant au fonctionnement même, tant qu'il semblait chimérique, l'indifférence générale avait accepté d'avance qu'on chargerait de l'organiser ceux mêmes qui avaient tellement tenu à faire passer la loi. Le succès inespéré et la facilité apparue soudainement ont éveillé d'autres ambitions et peut-être vaut-il mieux que de plus jeunes, qui seront plus long-temps responsables de leur organisation, soient mis à la tête de ces services. Mais encore faut-il qu'il y ait quelqu'un.

On peut prophétiser et assurer que la nouvelle loi aura à peu près le sort de l'ancienne, si, sous prétexte d'économie, on ne trouve là que matière à extension de services, rattachement à tel ou tel, déjà surchargé. Recevoir les dépôts est une tâche obligatoire, à laquelle plus ou moins bien on fera face. La recherche des non-déposants est une tâche plus difficile, et qui semble facultative ; le travail sera allégé si l'on ne réclame point, ou si comme dans cet impôt sur le revenu qu'on nomme l'impôt des poires, laissant en paix les non-déclarants, on épluche et exaspère les déclarants. Un tel service qui exige une politique suivie, méthodique, des connaissances techniques suffisantes pour traiter les questions de droit, d'imprimerie, de librairie, de bibliothèques et bibliographie, voire de cinématographie, qui doit discuter constamment avec éditeurs, imprimeurs, gens de lettres, bibliothécaires, parfois transiger entre un texte maximum et un budget minimum, exiger tout l'utile et simplifier l'encombrant, ne peut être tenu comme service accessoire par un bureau quelconque. Si, comme on l'avait espéré, comme bien avant la loi l'avait demandé l'administrateur de l'Arsenal, M. Henry Martin, il ne peut être créé isolément un « Office du Dépôt légal », — actuellement Régie du Dépôt légal, — service qui coûterait moins que le système actuel, car il réunirait les bureaux du ministère de l'Intérieur à ceux de la Bibliothèque nationale, — du moins s'impose, dans le cadre de celle-ci, la création d'un département spécial, dans des conditions à fixer. Qui ne voit en effet que le zèle d'acquérir s'oppose à celui de conserver, que celui qui, avec des budgets insuffisants, des catalogues entrepris dans des conditions d'un autre âge, avec des systèmes que ne peut supporter le budget actuel, aux prises avec les difficultés de rayonnage, rangement, brochage, etc., voit arriver le flux de la production actuelle, peut ne pas montrer pour elle l'enthousiasme nécessaire ! Cependant, que serait la Bibliothèque nationale si ceux de la Révolution, lorsque arrivaient aux dépôts les magnifiques débris des bibliothèques monastiques, avaient demandé de l'argent et du personnel — d'abord — pour classer et cataloguer ? Peut-être seraient-ils perdus sans retour, ces trésors dont, il y a trente ans, nous avons vu des tas encore inclassés dans les combles. Mais ce travail a été fait, et pour sauver la production contemporaine, si ce rôle ne vient pas au quatrième ou sixième ordre de ses préoccupations, la Bibliothèque nationale a ou peut obtenir la place et les moyens.

Comment doit-on traiter la double déclaration? Trois séries doivent être établies, deux sont pour ainsi dire imposées par la loi même : éditeurs, imprimeurs. Ce sont eux qui déposent, ils ont le droit strict que leurs déclarations soient conservées sans perte ni erreur possible, à leur nom. La troisième, celle des auteurs, est toute faite par la *Bibliographie de la France*. Aussi bien avec les anonymes, les titres fantaisistes donnés par les imprimeurs (qui ignorent souvent le vrai titre et le nom d'auteur), les incomplets, les déclarations collectives, les déclarations de réimpressions envoyées sans l'ouvrage et rédigées par quelque apprenti, un répertoire alphabétique, par auteur de déclarations, parfaitement inutile, serait impossible.

Les déclarations arrivant bloquées par imprimeur et éditeur, le classement par années dans les deux séries est une opération facile. Tout d'abord, et cela a un peu étonné, mais a été accepté de suite, les volumes déposés par les éditeurs sont immédiatement classés pour paraître à la *Bibliographie de la France* le plus vite possible.

On s'est beaucoup inquiété du rapprochement entre les volumes, puis entre les déclarations d'imprimeur et d'éditeur. C'est cependant assez simple. Le dépôt d'imprimeur doit précéder celui d'éditeur. Je veux bien que souvent en fait, transmis par les préfets, il vient après, mais c'est affaire de deux mois et en aucun cas, sauf faute des services, le délai de trois mois ne doit être dépassé. Or, du jour où l'éditeur a reçu le volume jusqu'à celui où, le dépôt ayant été fait, la *Biblio-*

*graphie de la France* en publie la fiche, il s'écoule aussi un ou deux mois. Tout ouvrage paru depuis un mois à la *Bibliographie de la France* doit donc se retrouver dans le dépôt des imprimeurs, et être signalé s'il n'y est pas.

Resteront les volumes déposés par les imprimeurs, qui n'ont pas encore paru ou n'ont pas été déposés. Comment le savoir? C'est ici que la lecture des annonces diverses (*Bibliographie de la France, Tables Segaud*, revues diverses) doit intervenir et révéler en même temps les volumes que ni éditeur, ni imprimeur n'ont déposés. Ce travail exige quelque compétence et quelque autorité. Il y a lieu en effet de décider, le plus arbitrairement du monde, s'il y a lieu de réclamer, d'attendre, ou de ranger la pièce livrée par l'imprimeur dans les collections, sans plus de formalités. Cette dernière solution est celle qui prévaudra quatre-vingt-dix-neuf fois sur cent, — la centième ayant seule d'ailleurs de l'importance.

Nous avons en effet obtenu, non dans la loi, mais dans son application, à côté des séries A (livres), B (périodiques), une série C composée de tous les prospectus, programmes, impressions diverses, qui ne sont pas des ouvrages d'auteur et éditeur proprement dits. Cette série groupe en une déclaration collective chaque envoi d'un imprimeur, alors que chaque livre exige une déclaration spéciale. Nous insistons auprès des imprimeurs, s'ils nous lisent, pour qu'ils n'étendent pas cette série C à des ouvrages commerciaux, tels que de petits romans, qui relèvent de la série A. Des abus feraient supprimer cette commodité.

Il est bien certain que la plupart des éditeurs de ces imprimés (commerçants, industriels, sociétés financières, etc.), ne déposeront pas sans être avertis ; il serait difficile de le faire et ce ne serait pas utile. On en a fait grand grief à la loi qui, selon certains esprits, doit être universelle et absolue. Non, il suffit que le droit d'interprétation ne soit pas laissé à chacun, et que l'on puisse au moindre abus exiger. Seules seront demandées en deuxième exemplaire, des publications utiles glissées dans la série C et seules elles paraîtront à la *Bibliographie de la France*. Le reste ira dans ce qu'on appelle à la Bibliothèque nationale *recueils factices*, collection immense, dont le classement sera à reviser, quand les temps seront meilleurs. Les méthodes suffisantes pour la loi de 1881 ne peuvent tenir devant un dépôt sérieux.

## Bibliographie de la France

Un des grands résultats de la loi doit être le perfectionnement de la *Bibliographie de la France*, qui devient vraiment l'organe du Livre français.

On sait les grands efforts faits pour améliorer ce *Journal de la Librairie*, ses tables nouvelles si pratiques, et surtout, en ce qui nous concerne, que, par accord tant de fois tenté, mais réalisé enfin par M. de La Roncière, depuis avril 1921 la *Bibliographie de la France* porte les cotes de la Bibliothèque nationale. A présent, d'autres réformes doivent compléter cette mesure.

On s'est étonné de la « constance » de production du livre français, en voyant toujours à peu près le même nombre de rubriques à la *Bibliographie* : 12000 environ sous la troisième République jusqu'à la guerre, après laquelle on retourne aux chiffres de l'an 1840 : 6 à 8000. Ce ne sont là que des conditions de mise en pages et des chevauchements d'années. L'année 1924 a clôturé au n° 8464. Or, il y avait un retard au ministère de l'Intérieur d'environ huit mois, soit 3500 fiches. La bonne volonté du Cercle de la Librairie et l'aide des élèves de l'École de bibliothécaires nous ont permis de combler ce retard en deux mois, mais le peu de confiance que l'on avait eu dans le résultat fit que ces 3500 fiches de volumes de 1924 seront incorporées à l'année 1925. Il existe, en outre, environ 4000 volumes des années 1923 à juin 1925, qui n'ont pas été déposés sous la loi de 1881 et que l'on se propose de réclamer du bon vouloir des éditeurs, qui les enverront certainement, à l'exception de quelques centaines d'épuisés et livres de luxe.

La *Bibliographie de la France*, qui en est déjà au n° 10605 fin août 1925, au lieu de 5192 en 1924, devra ajouter cet extraordinaire au dépôt normal, qui s'annonce comme devant être triple de l'ancien.

Il est désirable qu'à partir de 1926 la *Bibliographie, qui actuellement est à jour*, enregistre les volumes de l'année réelle, sans obliger à chercher, dans toutes les tables de 1921 à 1925, un volume paru en 1922. La loi actuelle rend cela possible à deux mois près, et même presque exactement, si la numérotation annuelle commence au 1ᵉʳ mars au lieu de commencer au 1ᵉʳ janvier.

Mais les ressources du Cercle de la Librairie sont limitées, et acceptera-t-il de faire face à une production triplée?

Nous le supplions de n'en rien faire et de réaliser des économies dont tous profiteront avec lui.

Sont, en effet, insérées à la *Bibliographie*, dans une proportion de moitié environ, des publications qu'il y a intérêt réel, pour tous, à n'y point voir. Ce sont notamment des brochures hors commerce, comptes rendus d'œuvres, des réimpressions sans changement, enfin et surtout les *suites*.

Y a-t-il intérêt à y voir tous les ans, tous les almanachs, annuaires, ordos et publications de ce genre, annoncés une fois déjà à leur première apparition? Si les éditeurs tiennent à cette annonce, ne devrait-elle pas être succincte et classée à part? Nous dirons la même chose des réimpressions courantes que la loi autorise d'ailleurs à ne pas déposer, mais que l'on déposera toujours plus ou moins?

Que dire des comptes rendus d'œuvres qui obligent à l'impression de la cote *Recueil factice*, donnant ainsi une allure définitive à un classement de fortune, qu'on espère provisoire? Que dire de certains tirages à part qui ne sont que des découpures de revues?

La musique n'a pas de tables annuelles, et l'inutile de celles des livres suffirait à les établir!

Si nous insistons sur ces simplifications *minimum*, c'est que la dépense ne touche pas seulement le Cercle qui paye l'impression et le papier à un tirage croissant de la *Bibliographie de la France*, elle grève fortement le pauvre budget des bibliothèques et, l'inutile devenant nuisible, entrave nombre de travaux, empêche l'usage de la bibliographie même chez nombre de libraires. Ce n'est pas rien que d'avoir à classer par an 10000 fiches au lieu de 5000 seules utiles, de chercher dans un répertoire double de ce qu'il faudrait, et d'attendre en conséquence six mois au lieu de trois l'apparition des tables.

C'est sur la demande de bibliothécaires que j'écris ce vœu. Nombre d'entre eux voudraient utiliser les fiches de la *Bibliographie de la France*, et nul doute qu'il y aurait placement pour une édition sur papier pelure (que seule la Bibliothèque nationale reçoit jusqu'ici, je crois). Un service de collage, facile à organiser en dehors, pourrait livrer les fiches dans les différents formats usités dans les bibliothèques et chez les libraires, puisque — c'est bien regrettable — le format des fiches n'est pas encore uniforme en France.

C'est sur ce vœu d'ordre pratique que je termine ce résumé de quinze ans d'efforts pour arriver à établir la base d'une vraie bibliographie du livre français.

---

Le *Journal officiel* du 27 mai 1925 a publié le texte de la loi nouvelle, en date du 19 mai. Il nous paraît utile de reproduire *in extenso* cet important document.

ARTICLE PREMIER. — Les imprimés de toute nature (livres, périodiques, brochures, estampes, gravures, cartes postales illustrées, cartes de géographie, etc.), les œuvres musicales, les œuvres photographiques mises publiquement en vente ou cédées pour la reproduction, les œuvres cinématographiques, phonographiques et généralement toutes les productions des arts graphiques reproduites en nombre sont, sous réserve des dispositions des articles 11 (ouvrages de luxe, gravures et estampes de luxe, éditions musicales) et 12 (nouveaux tirages, rééditions), l'objet d'un double dépôt effectué par l'imprimeur ou le producteur, d'une part, et l'éditeur, d'autre part.

ART. 2. — Ces productions doivent porter l'indication du nom de l'imprimeur ou du producteur et du lieu de sa résidence et le millésime de l'année de la création ou de l'édition.

Les nouveaux tirages de livres doivent également porter l'indication du millésime de l'année où ils sont effectués.

ART. 3. — Sont exclus du dépôt :

Les travaux d'impression dits de ville, tels que lettres et cartes d'invitation, d'avis, d'adresse, de visite, etc., lettres et enveloppes à en-têtes ;

Les travaux d'impression dits administratifs, tels que modèles, formules et contextures pour factures, actes, états, registres, etc.

Les travaux d'impression dits de commerce, tels que tarifs, instructions, étiquettes, cartes d'échantillons, etc. ;

Les bulletins de vote ainsi que les titres de publications non encore imprimées.

Les titres de valeurs financières.

*A. — Dépôt par l'imprimeur ou le producteur.*

ART. 4. — L'imprimeur ou le producteur d'une œuvre des arts graphiques visés à l'article 1er doit, sous réserve des dispositions des articles 11 et 12, déposer un exemplaire conforme aux exemplaires courants imprimés ou fabriqués par lui.

Le dépôt en ce qui concerne les imprimés doit être effectué dès l'achèvement du tirage.

ART. 5. — Les photographies de toute nature, mises en vente ou cédées pour la reproduction, doivent porter le nom ou la marque de l'auteur ou du cessionnaire du droit de reproduction, ainsi que la mention de l'année de la création.

Les épreuves photographiques sur matières fragiles ou périssables (verre, celluloïd, etc.), sont remplacées par des épreuves tirées sur papier. Pour les bandes cinématographiques, le dépôt peut ne comprendre qu'une image par sujet ou scène, accompagnée des titres, sous-titres et analyses.

ART. 6. — Le dépôt est fait pour le département de la Seine, directement à Paris, à la régie du dépôt légal au ministère de l'Intérieur et, pour les autres départements, dans les bureaux de cette régie dépendant des préfectures et sous-préfectures.

ART. 7. — Le dépôt est accompagné d'une déclaration en deux exemplaires, datée et signée, mentionnant : 1º le titre de l'ouvrage, les nom et sujet pour les estampes, les photographies, etc. ; 2º le chiffre du tirage ; 3º le nom de l'auteur ou la mention de l'anonymat ; 4º le nom, l'adresse et la qualité de la personne pour laquelle est fait le tirage ; 5º la date d'achèvement du tirage.

ART. 8 — L'agent de la régie du dépôt légal qui reçoit le dépôt en délivre un reçu au déposant.

### B. — *Dépôt par l'éditeur.*

ART. 9. — Toute personne, éditeur, auteur éditant lui-même ses œuvres ou dépositaire principal d'ouvrages importés, qui met en vente ou en distribution une production des arts graphiques portant l'indication de son nom ou de sa firme doit, sous réserve des dispositions prévues à l'article 12, en déposer un exemplaire complet à la Bibliothèque nationale, dans le mois de la mise en vente ou en distribution.

Le dépôt est fait, dans le département de la Seine, directement à la Bibliothèque nationale ; dans les autres départements, il peut être fait par voie postale ou en franchise. Il est accompagné d'une déclaration en double exemplaire datée et signée, mentionnant : 1º le titre de l'ouvrage ; 2º les noms d'auteur, d'imprimeur ou fabricant et d'éditeur ; 3º la date de la mise en vente ; 4º le prix de l'ouvrage ; 5º le chiffre du tirage ; 6º pour les livres, le format en centimètres ; 7º le nombre de pages et de hors-texte ; 8º la date de l'achèvement du tirage.

Un reçu de ce dépôt reproduisant ces indications est délivré au déposant.

Un règlement d'administration publique déterminera dans quelles conditions peut avoir lieu le groupement des périodiques en vue de leur envoi à la Bibliothèque nationale, ainsi que les conditions et le mode d'envoi à cette bibliothèque des publications et productions fragiles.

ART. 10. — Les libraires, éditeurs ou commissionnaires mettant en vente, en souscription ou en distribution en France, en qualité de coéditeurs ou de dépositaires principaux, une production des arts graphiques fabriquée à l'étranger, doivent en effectuer le dépôt en deux exemplaires, dans les conditions prévues à l'article 9. Ce dépôt est effectué directement à la Bibliothèque nationale, qui en délivre un reçu.

Les productions mises en vente, en souscription ou en distribution en France doivent porter les mentions prescrites aux articles 2 et 5 ci-dessus.

### C. — *Dispositions spéciales.*

ART. 11. — Pourront n'être déposés qu'en un seul exemplaire, à la condition qu'il soit complet et en parfait état, les ouvrages dits de luxe tirés à petit nombre et numérotés et les estampes artistiques tirées à moins de cent exemplaires et numérotées.

Ce dépôt unique est effectué directement à la Bibliothèque nationale par l'éditeur ou par l'auteur, si celui-ci vend directement les produits de son art.

Par exception aux dispositions prévues par les articles 1er, 4 et 9, les éditions musicales devront être déposées en deux exemplaires par l'éditeur seul, dans les trois mois de la mise en vente. Le dépôt est fait directement à la Bibliothèque nationale qui en garde un exemplaire et assure l'envoi de l'autre exemplaire à la Bibliothèque du Conservatoire national de musique de Paris. Ce dépôt est accompagné d'une déclaration rédigée conformément aux prescriptions de l'article 7.

ART. 12. — Chaque nouveau tirage d'une œuvre déjà déposée donnera lieu, de la part de l'imprimeur et de l'éditeur respectivement, à l'envoi d'une déclaration en double exemplaire, contenant les indications énumérées aux articles 7 et 9, ainsi que le numéro du tirage ou de l'édition et la date du dépôt. Si le tirage ne comporte pas d'autre modification que les corrections courantes, le numéro d'ordre du tirage ou de l'édition, il ne sera pas joint de nouvel exemplaire à la déclaration. Dans le cas contraire, le dépôt sera effectué conformément aux dispositions des articles 4 et 9.

Les nouveaux tirages des éditions musicales ne sont pas assujettis à une nouvelle déclaration.

ART. 13. — Les graveurs ou les photographes tirant, au fur et à mesure des demandes, des épreuves par unité d'une planche ou cliché conservé par eux, doivent mentionner dans la déclaration accompagnant le dépôt que le chiffre du tirage n'est pas limité. Ils sont affranchis de toute nouvelle déclaration et de dépôt pour les tirages ultérieurs.

ART. 14. — L'exemplaire déposé par l'imprimeur ou le producteur, dans les conditions des articles 4 et 9, est transmis par le service qui l'a reçu à la Bibliothèque nationale, dans le délai d'un mois au maximum à dater du dépôt. La Bibliothèque nationale, après réception de l'exemplaire déposé par l'éditeur, attribue l'un des deux exemplaires à un autre établissement public.

Un arrêté du ministre de l'Instruction publique déterminera la répartition des exemplaires ainsi disponibles entre les divers établissements publics de Paris ou de province.

ART. 15. — L'un des doubles de la déclaration faite par l'imprimeur est transmis à la Bibliothèque nationale par le ministère de l'Intérieur, et l'un des doubles des déclarations faites par l'auteur, l'éditeur ou le dépositaire d'ouvrages importés est transmis au ministère de l'Intérieur par la Bibliothèque nationale.

## D. — *Sanctions du dépôt.*

ART. 16. — Toute déclaration fausse ou incomplète, et généralement toute infraction à l'une des dispositions de la présente loi, commise par l'une des personnes assujetties à l'obligation du dépôt légal, sont punies d'une amende de 16 à 300 francs.

Le taux de l'amende peut, au cas de récidive, être porté jusqu'à 1000 francs. En outre, toute personne assujettie à l'obligation du dépôt légal qui n'a point déposé ou n'a déposé qu'incomplètement les exemplaires dont le dépôt lui incombe peut être condamnée, lorsque la régie du dépôt légal lui a adressé, par lettre recommandée, une réclamation qui sera demeurée inefficace, au payement des frais d'achat dans le commerce de la publication ou production non déposée auquel la régie a le droit de procéder d'office.

ART. 17. — Tout délinquant est traduit directement devant le tribunal correctionnel à la requête de la régie du dépôt légal.

Toute condamnation au payement des frais d'acquisition d'exemplaires achetés d'office est prononcée au profit de la régie.

L'action exercée par la régie est prescrite après l'expiration du délai de trois ans courant à dater de la publication.

## E. — *Effets du dépôt.*

ART. 18. — Le dépôt réglementé par la présente loi n'a qu'une valeur purement déclarative de droits.

Le dépôt légal ne se confond pas avec les dépôts spéciaux administratifs et judiciaires, prévus par la loi sur la presse du 29 juillet 1881.

ART. 19. — Les déclarations prévues aux articles 7 et 9 peuvent être librement consultées par les déposants eux-mêmes, les auteurs, les producteurs ou leurs ayants cause respectifs. Ils ont le droit d'obtenir la délivrance de copies certifiées conformes de ces déclarations.

ART. 20. — Des décrets détermineront les conditions d'application et prescriront toutes dispositions nécessaires pour l'exécution de la présente loi.

ART. 21. — La présente loi est applicable à l'Algérie. Des décrets, portant règlement d'administration publique, détermineront les conditions d'application de la présente loi dans les colonies et pays de protectorat, avec les modifications qui seront jugées nécessaires.

ART. 22. — Sont abrogées les dispositions contraires à la présente loi, et notamment les articles 6 de la loi des 19-24 juillet 1793 et 3 et 4 de la loi du 29 juillet 1881.

La présente loi, délibérée et adoptée par le Sénat et par la Chambre des députés, sera exécutée comme loi de l'État.

**Dépôt légal.** — *Circulaire du ministre de l'Intérieur et du ministre de l'Instruction publique à MM. les Préfets au sujet de la Régie du Dépôt légal.*

Paris, le 26 mai 1925.

La loi du 19 mai 1925, publiée au *Journal officiel* du 25 mai, qui a abrogé, notamment, les articles 3 et 4 de la loi du 29 juillet 1881 sur la liberté de la presse, a apporté au régime du Dépôt légal, tel qu'il était établi jusqu'à ce jour, des modifications importantes sur lesquelles nous avons l'honneur d'appeler toute votre attention.

A l'obligation du dépôt par l'imprimeur *seul*, l'article 1er de la nouvelle loi substitue un double dépôt qui doit être effectué par *l'imprimeur ou le producteur*, d'une part, et *l'éditeur*, d'autre part.

Ledit article soumet, en outre, au dépôt, non plus les imprimés seulement, comme le prescrivait l'article 3 de la loi du 29 juillet 1881, mais aussi les « œuvres photographiques mises publiquement en vente ou cédées pour la reproduction, les œuvres cinématographiques, phonographiques et généralement toutes les productions des arts graphiques reproduites en nombre »,

D'où l'obligation faite au *producteur*.

Dépôt par l'imprimeur ou le producteur

L'imprimeur (ou le producteur) ne sera tenu de déposer qu'*un seul* exemplaire des œuvres imprimées ou fabriquées par lui. Ce dépôt devra être fait, pour les imprimés, comme il l'a été jusqu'ici : en effet, si le législateur a diminué l'importance de la prestation due par l'imprimeur (étendue aujourd'hui au producteur), en réduisant le dépôt de deux exemplaires à un seul, il n'a jamais été dans son esprit de changer la nature de cette prestation (art. 4).

Le dépôt prescrit par cet article 4 sera effectué *dès l'achèvement du tirage*. Il faut entendre par ces mots : le plus rapidement possible, c'est-à-dire aussitôt que les ouvrages seront en corps de volume ; mais, en ce qui concerne certains imprimés, tels que les affiches, le dépôt aura lieu rigoureusement dès l'achèvement du tirage.

Les mappemondes feront l'objet d'un dépôt, au même titre que les cartes de géographie.

Les photographies et les productions cinématographiques, dont le dépôt est rendu obligatoire par l'article 1er de la loi, seront déposées dans les conditions énumérées à l'article 5.

Il n'y a pas lieu au dépôt par l'imprimeur :

*a)* Pour les ouvrages dits « de luxe », tirés à un petit nombre d'exemplaires et numérotés, et pour les estampes tirées à moins de cent exemplaires et numérotées (art. 11, § 1er) ;

*b)* Pour les éditions musicales (art. 11, § 3) ;

Le dépôt doit être accompagné d'une déclaration en deux exemplaires, datée et signée, mentionnant, non seulement, comme par le passé, le titre et le chiffre du tirage de l'ouvrage, mais encore le nom de l'auteur ou la mention de l'anonymat, le nom, l'adresse et la qualité de la personne pour laquelle est fait le tirage, ainsi que la date d'achèvement du tirage (art. 7).

Toutes les productions visées à l'article 1er doivent porter l'indication du nom de l'imprimeur ou du producteur et du lieu de sa résidence, et le millésime de l'année de la création ou de l'édition (art. 2, § 1er).

Les nouveaux tirages de livres doivent également porter l'indication du millésime de l'année où ils sont effectués (art. 2, § 2).

Ces indications doivent figurer, en ce qui concerne les livres, sur le corps du volume, et non pas sur la couverture seulement.

Sont exclus du dépôt, c'est-à-dire devront être refusés par les agents de la Régie du Dépôt légal, les travaux énumérés à l'article 3 de la loi. Toutefois, il y a lieu d'observer que les catalogues de toute nature ne figurent pas parmi les travaux exclus du dépôt. Il est, au contraire, de la plus haute importance que ces publications soient régulièrement déposées.

Il faut entendre par « tarifs » (art. 3, § 3) exclus du dépôt, les simples listes de prix, sur feuilles volantes, jointes ou non aux catalogues.

Le dépôt par l'imprimeur ou le producteur (art. 4) continuera à s'effectuer, suivant le domicile de l'imprimeur ou du producteur, dans les bureaux de la Régie du Dépôt légal : mairies, sous-préfectures et préfectures, pour les départements autres que le département de la Seine ; au ministère de l'Intérieur, pour le département de la Seine (art. 6).

Votre attention est tout spécialement attirée sur l'extrême importance de la déclaration en deux exemplaires à faire par le déposant en vertu de l'article 7. Vous devrez m'adresser les deux exemplaires de toutes les déclarations reçues dans les différents bureaux de la Régie de votre département, au début de chaque mois, en même temps que le produit du dépôt légal y afférent, mais sous pli séparé, à l'adresse suivante : Ministère de l'Intérieur, Régie du Dépôt légal, 11, rue des Saussaies, Paris, 8e.

Un reçu est délivré au déposant par l'agent de la Régie du Dépôt légal qui reçoit le dépôt (art. 8).

Les bureaux de la Régie utiliseront, à cet effet, des formules de récépissés semblables à celle de la déclaration prévue à l'article 7 : modèle A, pour les volumes proprement dits ; modèle C, — tous deux annexés à la présente circulaire — pour les impressions faites pour des particuliers ou des sociétés et n'ayant pas le caractère de volume, de journal ou de revue, tels que prospectus, statuts, actes de sociétés, comptes rendus d'assemblées, de sociétés ou d'associations, circulaires, programmes, catalogues, etc.

Il conviendrait d'inviter les déposants, afin de leur éviter toute perte de temps, à préparer eux-mêmes un reçu, sous forme d'un troisième exemplaire de leur déclaration, qui leur serait rendu après avoir été numéroté, daté et signé.

Les assujettis pourront se procurer des formules de déclaration au Cercle de la Librairie, 117, boulevard Saint-Germain, Paris, 6°.

### *Dépôt par l'éditeur*

Ainsi qu'il est dit plus haut, l'article 1er de la loi du 19 mai a créé un *dépôt d'éditeur*.

Ce dépôt sera effectué dans tous les cas, directement, à la Bibliothèque nationale, Régie du Dépôt légal, 58, rue de Richelieu, Paris, 1er; pour le département de la Seine, les envois qui seront faits par la poste devront être affranchis ; pour les autres départements, les envois seront faits par la voie postale, *en franchise* (art. 9).

Toute personne, éditeur, auteur éditant lui-même ses œuvres, ou dépositaire principal d'ouvrages importés, qui met en vente ou en distribution une production des arts graphiques portant l'indication de son nom ou de sa firme, doit en déposer un exemplaire complet dans le mois de la mise en vente ou en distribution (art. 9, § 1er).

Pour les éditions musicales, le dépôt est dû deux exemplaires et il doit être effectué dans les trois mois de la mise en vente (art. 11, § 3).

Les ouvrages dits « de luxe », tirés à petit nombre et numérotés, et les estampes artistiques tirées à moins de cent exemplaires et numérotées, pourront n'être déposés qu'en un seul exemplaire, à la condition qu'il soit complet et en parfait état (art. 11, § 1er).

Les librairies, éditeurs ou commissionnaires mettant en vente, en souscription ou en distribution en France, en qualité de coéditeurs ou de dépositaires principaux, une production des arts graphiques fabriquée à l'étranger doivent en effectuer le dépôt en deux exemplaires (art. 10).

Ces divers dépôts seront accompagnés d'une déclaration en double exemplaire, datée et signée, mentionnant :

1° Le titre de l'ouvrage ;
2° Les noms d'auteur, d'imprimeur ou fabricant et d'éditeur ;
3° La date de la mise en vente ;
4° Le prix de l'ouvrage ;
5° Le chiffre du tirage ;
6° Pour les livres, le format en centimètres ;
7° Le nombre de pages et de hors-texte ;
8° La date de l'achèvement du tirage (art. 9, § 2).

Un troisième exemplaire de la déclaration, devant servir de reçu, pourrait également être joint au dépôt. Il serait retourné au déposant, après avoir été numéroté, daté et signé.

Les déclarations prévues aux articles 9, § 2 et 11, § 3, seront conformes respectivement aux modèles B¹ et A¹ annexés à la présente circulaire, pour les volumes proprement dits, d'une part, pour la musique, d'autre part, et au modèle C¹ pour les ouvrages édités par des particuliers ou des sociétés et n'ayant pas le caractère de volume, de journal ou de revue. (Voir énumération plus haut.)

Les assujettis pourront se procurer des formules de déclaration au Cercle de la Librairie, 117, boulevard Saint-Germain, Paris, 6e.

Un règlement d'administration publique déterminera dans quelles conditions sera fait l'envoi des périodiques à la Bibliothèque nationale, ainsi que le mode d'envoi à cette Bibliothèque des publications et productions fragiles.

Jusque-là, le dépôt et l'expédition des périodiques se feront comme par le passé.

**

Les articles 12 et 13 de la loi visent les nouveaux tirages d'œuvres déjà déposées et les déclarations à faire par les graveurs et les photographes tirant, au fur et à mesure des demandes, des épreuves par unité d'une planche ou cliché conservé par eux.

Ces articles n'appellent pas de remarque particulière. Il vous suffira de vous y reporter.

### Dépôt du gérant

Aucun changement n'est apporté au double dépôt prescrit aux gérants de périodiques par la loi du 29 juillet 1881 sur la liberté de la presse.

**

En résumé :

1° Les maires, sous-préfets et préfets (Régie du Dépôt légal) recevront dorénavant des imprimeurs ou producteurs le dépôt d'un exemplaire de tous les imprimés, de toutes les productions énumérées à l'article 1er, à l'exception des publications visées à l'article 10 et des ouvrages de luxe, des estampes, des éditions musicales visées à l'article 11 ;

2° En aucun cas, les bureaux départementaux de la régie n'auront à s'occuper du dépôt par l'éditeur, sauf pour donner suite aux réclamations qui pourront être adressées de Paris par la Régie du Dépôt légal.

En vue d'assurer l'exécution de la loi, les sanctions ont été très sensiblement aggravées par rapport à celles de la loi du 29 juillet 1881 : toute déclaration fausse ou incomplète et généralement toute infraction à l'une des dispositions de la loi, commise par l'une des personnes assujetties à l'obligation du dépôt légal, seront punies d'une amende de 16 francs à 300 francs, qui pourra être portée jusqu'à 1000 francs en cas de récidive (art. 18).

En outre, toute personne assujettie à l'obligation du dépôt légal, qui n'a point déposé ou n'a déposé qu'incomplètement les exemplaires dont le dépôt lui incombe, peut être condamnée, lorsque la Régie du Dépôt légal lui a adressé, par lettre recommandée, une réclamation qui sera demeurée inefficace, au payement des frais d'achat dans le commerce de la publication ou production non déposée, auquel la Régie a le droit de procéder d'office (art. 14, § 2, *in fine*).

Le délai de prescription a été porté à trois ans.

Enfin, il importe de signaler que la création du service de la Régie du Dépôt légal, instituée par décret en date du 20 février 1924 (*Journal officiel* du 26 février 1924), a reçu la consécration législative. La Régie du Dépôt légal, dirigée par un fonctionnaire du ministère de l'Intérieur, et pour le compte de laquelle les divers fonctionnaires compétents agiront en qualité d'agents de cette Régie, veillera à la stricte exécution des obligations qui incombent aux redevables des prestations en nature prévues par la loi. A l'accomplissement de cette mission se trouvera étroitement associé le comité consultatif de la Régie, qui compte parmi ses membres des délégués de tous les groupements professionnels intéressés.

Vous voudrez bien donner à la loi nouvelle et à la présente circulaire la publicité la plus étendue dans les journaux de votre département, notamment dans les organes professionnels spéciaux.

D'autre part, vous veillerez avec le plus grand soin à ce que les prescriptions de la loi soient rigoureusement observées.

Imprimerie de J. Dumoulin, à Paris.

BIBLIOTHÈQUE DU XV° SIÈCLE, Tome XXX

## GUSTAVE COHEN

## Le Livre de conduite du Régisseur et le Compte des dépenses
### pour le
# MYSTÈRE DE LA PASSION
## joué à Mons en 1501

*Publiés pour la première fois et précédés d'une introduction*

In-8 raisin de 728 pages, avec 5 planches hors texte. . . . . . . . . 80 fr.

*Du même auteur :* Histoire de la mise en scène dans le théâtre religieux du Moyen Age. (Nouvelle édition) . . . . . . . . . *(Sous presse)*

# CORPUS VASORUM ANTIQUORUM
# GREAT BRITAIN

BRITISH MUSEUM (DEPARTMENT OF GREEK AND ROMAN ANTIQUITIES)
By A. H. SMITH. Fascicule I

In-4, 40 pages et 44 planches sous carton. . . . . . . . . . 12 sh. 6 = 65 fr.
Cyprus (Plates 1-24), Athenian Black-Figured Pottery. Panathenaic Vases (Plates 25-36). Apulia Gnathia Vases (37-44).

*Rappel des fascicules précédemment parus :*
FRANCE. Musée du Louvre, par M. Edmond POTTIER :
Fascicules 1 et 2 (chaque) . . . . . . . . . . . . . . 55 fr.
Fascicule 3 . . . . . . . . . . . . . . . . . . . 60 fr.
FRANCE. Vases du Musée de Compiègne, par M<sup>me</sup> Marcelle FLOT, 30 pl. . . . . . . . . . . . . . . . . . . . 50 fr.
DANEMARK. Vases du Musée de Copenhague, par M. Ch. BLINKENBERG et FRIIS JOHANSEN. Fascicule I, pl. 1 à 49, dont une en couleur. . . . . . . . . . . . . . . . . . . . 55 fr.

Annuaire de la Noblesse de France, fondé en 1843 par M. BOREL-D'HAUTERIVE, et continué sous la direction du V<sup>te</sup> Albert RÉVÉREND (1892-1911). 1924, 74° volume (82° année). Un volume in-12 de 436 pages. . . . . 25 fr.
En vente au même prix (sauf épuisés) les précédents volumes.

AUDIN (M.). Causeries typographiques. N° II. *L'Imprimeur du roi.* In-16, 32 pages (figures) . . . . . . . . . . . . . . . . 5 fr.
— *L'Imprimeur de la ville.* In-16, 36 pages (figures) . . . . . . . . 5 fr.

CHAMPION (Pierre). Le Roi René écrivain. In-8, 30 pages et 12 planches hors texte. . . . . . . . . . . . . . . . . . . . 25 fr.
Ouvrage tiré à 200 exemplaires, dont 100 numérotés à 35 fr.
M. Champion évoque la physionomie littéraire du bon roi René, comte de Provence, contemporain de Charles d'Orléans ; à l'aide des manuscrits du temps, il fait revivre le milieu où vécut ce grand protecteur des lettres provençales.

MARÉCHAL (Christian). La Mennais. *La Dispute de l'essai sur l'indifférence,* d'après des documents nouveaux et inédits. In-8 raisin, 454 pages. 40 fr.